Impressum
Verlag: BABADADA GmbH, Nedderfeld 112 , 22529 Hamburg
Geschäftsführer / Verlagsleitung: Harald Hof
Druck: Books on Demand GmbH, In de Tarpen 42, 22848 Norderstedt

Imprint
Publisher: BABADADA GmbH, Nedderfeld 112 , 22529 Hamburg, Germany
Managing Director / Publishing direction: Harald Hof
Print: Books on Demand GmbH, In de Tarpen 42, 22848 Norderstedt, Germany

ትምህርት ቤት

dugsi

መማሪያ ክፍል
fasal
ማካፈል
qeybi
186/2
ሰሌዳ
sabuurad
የትምህርት ቤት ቅጥር ግቢ
መምህር
macallin
ወረቀት
warqad
qorraxeed
እስክሪብቶ
qalin
መፃፊያ ጠረጴዛ
miis
ማስመሪያ
mastarad
መጽሐፍ
buug
ተማሪ
arday

የጀርባ ቦርሳ

boorso

የእርሳስ መያዣ

kiis qalin-qori

እርሳስ

qalin-qori

የእርሳስ መቅረጫ

koobka qalin qor

ላጲስ

titirre

የስዕል ደብተር

buugga sawirka

ስዕል

sawirid

የቀለም ብሩሽ

burushka midabaynta

የቀለም ሳጥን

gasaca midabaynta

መቀስ

maqasyo

ማጣበቂያ

koollo

መልመጃ ደብተር

buug qoraal

የቤት ስራ

shaqo-guri

ቁጥር

lambar

መደመር

ku dar

መቀነስ

ka jar

ማባዛት

ku dhufo

ቁጥሮችን ማስላት

xisaabi

ደብዳቤ

warqad

ፊደላት

alifbeeto

ቃል

erey

ፅሑፍ

qoraal

ማንበብ

akhri

ጠመኔ

jeesto

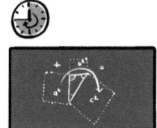

ትምህርት

cahsar

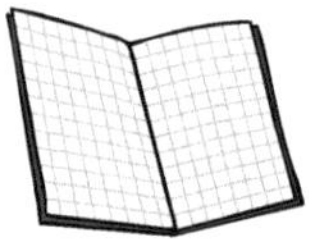

ምዝገባ

diiwaan

ፈተና

imtixaan

ሰርተፊኬት

shahaado

የትምህርት ቤት የደንብ ልብስ

direes dugsi

ትምህርት

waxbarasho

አዉደ ጥበብ

diwaan mowduuceed

ዩኒቨርስቲ

jaamacad

የምርምር አጉሊ መሳርያ

mayskariskoob

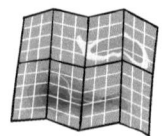

ካርታ

khariidad

የቆሻሻ ወረቀት መጣያ ቅርጫት

haan qashin-gur

ሆቴል
hoteel
ማረፊያ ቤት
hoteel jiif-cunto
የዉጭ ገንዘብ ምንዛሪ ቢሮ
xafiiska sarrifaka lacagaha
ልብስ መያዣ ሻንጣ
shandad-dhar
መኪና
baabuur

ቋንቋ
luuqad

አዎ/ አይደለም
haa / maya

እሺ
Hagaag

ሰላም
nabad miyaa

አስተርጓሚ
turjumaan

አመሰግናለሁ
Waad mahadsan tahay

ስንት ነዉ.......?

waa immisa...?

አልገባኝም

ma aanan fahamin

እክል

dhibaato

እንደምን አመሹ!

galab wanaagsan!

እንደምን አደሩ!

subax wanaagsan!

መልካም ምሽት!

habeen wanaagsan!

ደህና ይሰንብቱ

nabad gelyo

አቅጣጫ

jiho

ሻንጣ

alaabo

ቦርሳ

boorso

የጀርባ ቦርሳ

boorso-dhabar

እንግዳ

marti

ክፍል

qol

የመተኛ ቦርሳ

katiifad

ድንኳን

teendho

የጎብኚዎች መረጃ

....

xog dalxiis

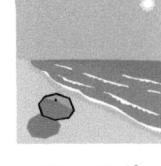

የባህር ዳርቻ

....

xeebta

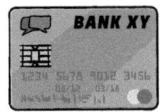

ክሬዲት ካርድ

....

kaar amaah

ቁርስ

....

quraac

ምሳ

....

qado

እራት

....

casho

ቲኬት

....

rasiid

አሳንሰር

....

wiish

ማህተም

....

tiimbare

ድንበር

....

xuduud

ባህሎች

....

qeybta-canshuur-bixinta

ኤምባሲ

....

safaarad

ቪዛ/የይለፍ ወረቀት

....

dal ku gal

ፓስፖርት

....

baasaboor

መጓጓዣ

gaadiid

አዉሮፕላን
dayaarad
መርከብ
markab
የእሳት አደጋ መኪና
matoor
bas
የጭነት መኪና
gaari xamuul ah
የሞተር ጀልባ
doon-matooreey
ብስክሌት
mooto
መኪና
baabuur

የማመላለሻ ጀልባ

doon

ጀልባ

doonnida

የሞተር ብስክሌት

mooto

የፖሊስ መኪና

baabuur booliis

የዉድድር መኪና

baabuur baratan

የኪራይ መኪና

baabuur la-kiraysto

የመኪና መጋራት

gaadiid-wadaag

ጎታች መኪና

wiishle

የቆሻሻ ጭነት መኪና

gaari qashin-gure

ሞተር

matoor

ነዳጅ

shidaal

የቤንዚን ማደያ

ajib

የመንገድ ምልክት

calaamad taraafiko

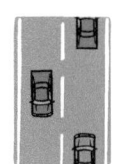

የመኪኖች እንቅስቃሴ

taraafiko

የመኪና መጨናነቅ

jaam baabuur

የመኪና ማቆሚያ

baarkin-baabuur

የባቡር ጣቢያ

boosteejo tareen

የባቡር ሀዲዶች

waddo-tareen

ባቡር

tareen

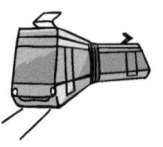

የኤሌክትሪክ ባቡር

taraam

ሰረገላ

gaari faras

ሄሊኮፕተር

helikobtar

አየር ማረፊያ

garoonka dayuuradaha

ማማ

manaarad

መንገደኛ

rakaab

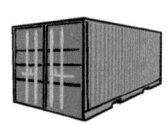

ማስቀመጫ፤ ማጠራቀሚያ

weel

ካርቶን እቃ ማሸጊያ

kartoon

ጋሪ፤ ተሳቢ

gaari faras

ቅርጫት

dambiil

መነሳት/ ማረፍ

kicid / degis

ከተማ

magaalo

መንደር

tuulo

የከተማ ማዕከል

faras magaale

ቤት

guri

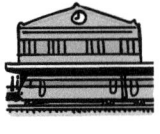

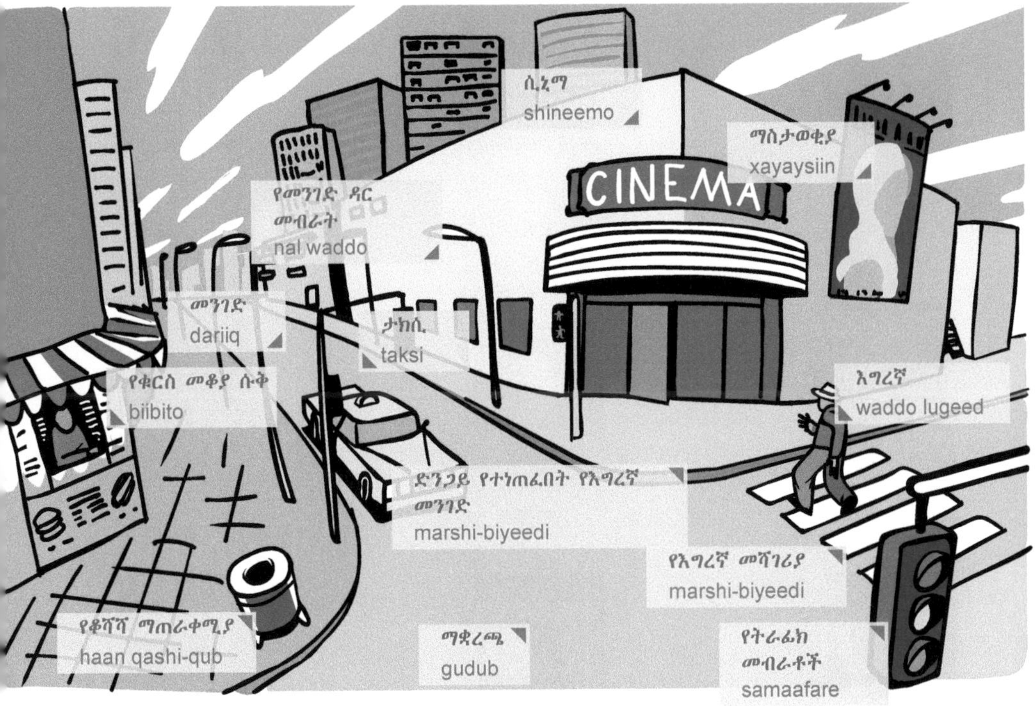
ሲኒማ
shineemo
ማስታወቂያ
xayaysiin
CINEMA
የመንገድ ዳር መብራት
nal waddo
መንገድ
dariiq
ታክሲ
taksi
የቁርስ መቆያ ሱቅ
biibito
እግረኛ
waddo lugeed
ድንጋይ የተነጠፈበት የእግረኛ መንገድ
marshi-biyeedi
የእግረኛ መሻገሪያ
marshi-biyeedi
የቆሻሻ ማጠራቀሚያ
haan qashi-qub
ማቋረጫ
gudub
የትራፊክ መብራቶች
samaafare

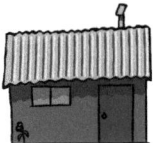

ጎጆ

mundul

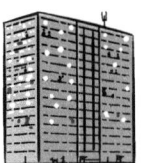

አፓርታማ

dabaq

የባቡር ጣቢያ

boosteejo tareen

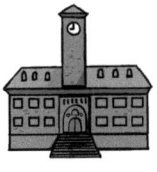

የከተማ አዳራሽ

xarunta dowladda-hoose

MUSEUM

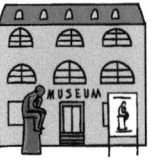

ቤተ መዘክር

matxaf

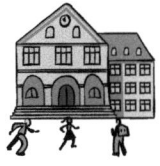

ትምህርት ቤት

dugsi

ዩኒቨርስቲ
jaamacad

ባንክ
bangi

ሆስፒታል
isbitaal

ሆቴል
hoteel

መድሐኒት ቤት
farmasi

ቢሮ
xafiis

መፅሐፍ መሸጫ
buug shoob

ሱቅ
dukaan

የአበባ መሸጫ
dukaan ubax

የሸቀጣ ሸቀጥ መደብር
carwo

ገበያ ስፍራ
suuq

መደብር
suuq weyne

የዓሳ ነጋዴ
kalluun-iibshe

የገበያ ማዕከል
suuq

ወደብ
furdo

መናፈሻ ቦታ
jardiino

አግዳሚ ወንበር
kursi

ድልድይ
buundo

ደረጃዎች
jaraanjaro

ዉስጥ ለዉስጥ
waddo-tareen-hoosaad

ዋሻ
waddo-dhul hoose

የአዉቶቡስ ፌርማታ
boosteejo

ባር
baar

ምግብ ቤት
makhaayad

የፖስታ ሳጥን
sanduuq boosto

የመንገድ ምልክት
calaamad waddo

የመኪና ማቆሚያ ሒሳብ የሚያሰላ
ማሽን
joogid-cabbire

የደር እንስሳት ማቆያ
beer-xayawaan

የመዋኛ ገንዳ
barkad dabbaalasho

መስጊድ
masaajid

ከተማ - magaalo   13

እርሻ

beer

የሚበክል ነገር

naqas

መቃብር ስፍራ

qabuuro

ቤተ ክርስቲያን

kaniisad

መጫወቻ ሜዳ

garoon

ቤተ መቅደስ

macbad

መልከዓምድር

muqaal-dhireed

ቅጠል
caleen
የመንገድ ላይ ምልክት
calaamad-waddo
መንገድ
waddo
አረንጓዴ መስክ
seere
ድንጋይ
dhagax
በእግሩ የሚጓዝ
buur korre
ዛፍ
geed
ወንዝ
webi
ሳር
caws
አበባ
ubax

ሸለቆ

dooxo

ኮረብታ

buur

ሀይቅ

laag

ጫካ

kayn

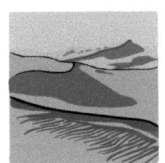

በረሃ

saxare

እሳተ ገሞራ

foolkaano

ግምብ

qasri

ቀስተ ዳመና

qaanso-roobaad

እንጉዳይ

barkin-waraabe

የቴምብር ዛፍ/ ዘንባባ

geed timireed

ቢንቢ/ የወባ ትንኝ

kaneeco

በራሪ

duqsi

ጉንዳን

qoraanjo

ንብ

shinni

ሸረሪት

caaro

ጢንዚዛ

dameer-duudeey

እንቁራሪት

rah

ሽኮኮ

dabagaalle

ጃርት

kashiito

ጥንቸል

dabagaalle

ጉጉት ወፍ

guumeys

ወፍ

shimbir

የዉሃ ዳክዬ

boolo-boolo

ከርከሮ

doofaar-jilibeey

አጋዘን

deero

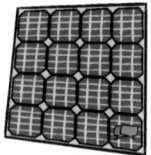

አጋዘን

faras-duur

ግድብ

biyo-xireen

በነፋስ የሚሽከረከር

tamar-dhaliye

የፀሀይ ፓኔሎ

soollar

አየር ንብረት

cimilo

ምግብ ቤት
makhaayad

አስተናጋጅ
kabalyeeri
ማዉጫ
warqad qiimo
ወንበር
kursi
ሾርባ
maraq
ፒዛ
biise
መክተፊያ
alaab
የጠረጴዛ ጨርቅ
maro-miis

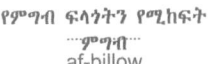

የምግብ ፍላጎትን የሚከፍት ምግብ
af-billow

ዋና ምግብ
cunto bariimo

ማጣጣሚያ ተከታይ ምግብ
macmacaan

መጠጦች
cabitaan

ምግብ
cunto

ጠርሙስ
dhalo

ፈጣን ምግብ

cunto diyaarsan

የመንገድ ምግብ

cunto-waddo

የሻይ ማንቆርቆሪያ

jalmad shaah

የስኳር እቃ

weelka sonkorta

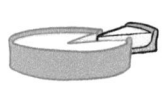

ድርሻ

qayb

የቡና ማፊያ ማሽን

mashiinka isbareesada

ባለጌ ወንበር

kursi dheer

የክፍያ ደረሰኝ

biil

ትሪ

tereey

ቢላዋ

mindi

ሹካ

fargeeto

ማንኪያ

qaaddo

የሻይ ማንኪያ

malqacad-shaah

ልብስ ምግብ እንዳይነካ የሚረዳ ጨርቅ

shukumaan miis

ብርጭቆ

galaas

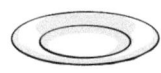

ዝርግ ሰሀን

....

saxan

የሾርባ ጎድጓዳ ሰሀን

....

saxanka maraqa

የስኒ ማስቀመጫ

....

saxan

ማጣፈጫ ስጎ

....

suugo

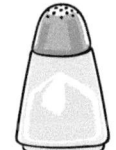

የጨዉ እቃ

....

weelka cusbada

የተፈጨ ቃሪያ

....

basbaas shiide

ኮምጣጤ

....

fixiye

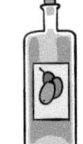

የምግብ ዘይት

....

saliid

ቀመማ ቅመሞች

....

dhandhanaan

የቲማቲም ድልህ

....

suugo

ሰናፍጭ

....

mastaard

ማዮኒዝ

....

mayoonees

የሸቀጣ ሸቀጥ መደብር

carwo

ልዩ አቅራቦት
qiima dhimis qaas ah
ደምበኛ
macmiil
የወተት ተዋፅዖ
caano
ፍራፍሬ
miro
ባለ ጎማ የእጅ ጋሪ
gaariga adeega

ሉካንዳ ነጋዴ

kawaan

መጋገርያ

foorno

ክብደት መመዘን

cabbir

ቅጠላ ቅጠል አትክልት

khudaar

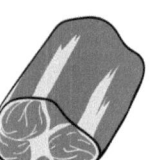

ስጋ

hilib

የቀዘቀዘ/የረጋ ምግብ

cunto la qaboojiyay

ቀዝቃዛ ቁራጭ

....

hilibka qadada

የታሸገ ምግብ

....

cunto gasacadeysan

የማጠቢያ ዱቄት

....

oomo

ጣፋጮች

....

macmacaan

የቤት ዉስጥ ዉጤቶች

....

alaabada guri

የፅዳት ምርቶች

....

alaabo nadaafad

የሽያጭ ባለሙያ

....

iibshe

የገንዘብ መመዝገቢያ ማሽን

....

diiwaan lacagta

የሒሳብ ሰራተኛ

....

qasnaji

የግዢ ዝርዝር

....

liis adeeg

ክፍት ሰዓታት

....

saacadaha shaqo

የኪስ ቦርሳ

....

shandada jeebka

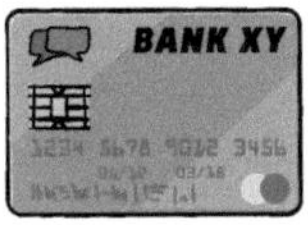

ክሬዲት ካርድ

....

kaar amaah

ቦርሳ

....

bac

የፕላስቲክ ቦርሳ

....

bac

መጠጦች

cabitaan

ዉሃ

biyo

ጭማቂ

casiir

ወተት

caano

ኮካ-ኮላ

kooka-kola

ወይን

khamri

ቢራ

biir

አልኮል

khamri

ኮካ

kooke

ሻይ

shaah

ቡና

kafee

የተፈላ ቡና

isberesso

ካፑቺኖ

koobishiin

ሙዝ

muus

ፖም

tufaax

ብርቱካን

liin-bambeelmo

ሀብሀብ

qare

ሎሚ

liin

ካሮት

karooto

ነጭ ሽንኩርት

toon

ሸምበቆ

baambuu

ቀይ ሽንኩርት

basal

እንጉዳይ

barkin-waraabe

ለዉዝ

loos

የህፃናት ምግብ

baasto

ፓስታ

baasto

ሩዝ

bariis

ሰላጣ

salar

የድንች ጥብስ

jibsi

ድንች ጥብስ

baradho shiilan

ፒዛ

biise

ዳቦ ዉስጥ በስሱ ተጠብሶ የገባ ስጋ

haambeegar

ሳንድዊች

saanwij

ጥሬ ስጋ

hilib-jiir

የአሳማ ስጋ

hilib-doofaar

በቅመምና በጨዉ የታሸ ምግብ
ቀዝቅዞ የሚበላ ሾርባ ምግብ

salami

ቋሊማ

sooseej

ዶሮ

hilib-digaag

ጥብስ

duban

አሳ

kalluun

የአጃ ገንፎ

sareenta mashaarida

ከወተት ጋር ተደባልቀዉ የሚበሉ ¨ምግቦች¨

quraac isku-dhafan

የበቆሎ ቅርፊት

daango

ዱቄት

bur

ኩራሳ

nooc rooti ah

ድብልብል ዳቦ

rooti

ዳቦ

rooti

መጥበስ

rooti-la-kulluleeyey

ብስኩት

buskud

ቅቤ

subag

እርጎ

hanti

ኬክ

doolsho

እንቁላል

ukun

እንቁላል ጥብስ

ukun shiilan

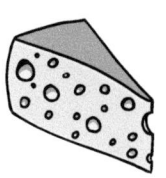

አይብ

burcad

የበረዶ ክሬም

jalaato

ስኳር

sonkor

ማር

malab

ማርማላት

malmalaado

የተናጠ የወተት ክሬም

labeen macmacaan

ማጣፈጫ

suugo

እርሻ

beer

የገበሬ ቤት
guri-beereed
የእህልና የከብት ማቀመጫ ቤት
xero-xoolaad
የጭድ ክምር
caws jiilaal
ሜዳ
beer
ፈረስ
faras
ተሳቢ መኪና
gaari isjiid ah
የእርሻ መኪና
cagafcagaf
የፈረስ ዉርንጭላ
faras yare
አህያ
dameer
በግ
idaha
የበግ ጠቦት
neyl

ፍየል

ri'

ላም

sac

ጥጃ

weyl

አሳማ

doofaar

ግልገል አሳማ

dhal doofaar

ኮርማ

dibi

ዝይ

bawaato lab

ዳክዬ

bawaato

የዶሮ ጫጩት

jiijiile

ዶር

digaag

አዉራ ዶሮ

diiq

አይጥ

doolli

ደድመት

bisad

አይጥ

jiir

በሬ

dibi

ዉሻ

eey

የዉሻ ቤት

hoyga eeyga

የአትክልት ቦታ

tuubbo waraab

ዉሃ ማጠጫ ባልዲ

sakeelka waraabinta

ረጅም ማጭድ

gudin

ማረሻ

carro-roge

ማጭድ

gudin

መኮትኮቻ

yaambo

የእህል መንሽ

fargeeto caws-beereed

መጥረቢያ

faas

ኩርኩር/ የእጅ ጋሪ

gaari -gacan

ገንዳ

dar

የወተት ዕቃ

dhalada caanaha

ጆንያ ከረጢት

jawaan

አጥር

deer

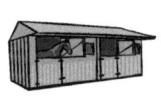

የፈረስ ጋጣ

xero xooleed

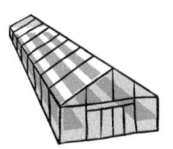

ዕፅዋት ማሳደጊያ የመስታዉት ቤት

gur-biqlin-dhireed

አፈር

ciidda

ዘር

abuuka

የመሬት ማዳበሪያ

bacrimiye

ጥምር ማረሻ

cagafta beer-goynta

አዝመራ መሰብሰብ

....

beer-goyn

አዝመራ

....

beer-gooyn

ድንች

....

moxog

ስንዴ

....

sarreen

ሶያ

....

soya

ድንች

....

baradho

በቆሎ

....

galley

የከብት መኖ

....

geed-saliideed

የፍሬ ዛፍ

....

geed mirood

የካሳቫ ዛፍ

....

moxog

እህል

....

firiley

ቤት

guri

የጪስ ማዉጫ
qiiq saar
ጣራ
saqaf
አሸንዳ
majaroor
መስኮት
daaqad
ጋራዥ
garaash
የበር ደወል
gambaleel
በር
irrid
የቀቆሻሻ ማጠራቀሚያ
haan qashin
ፖስታ ሳጥን
sanduuq boosto
የአትክልት ቦታ
beer

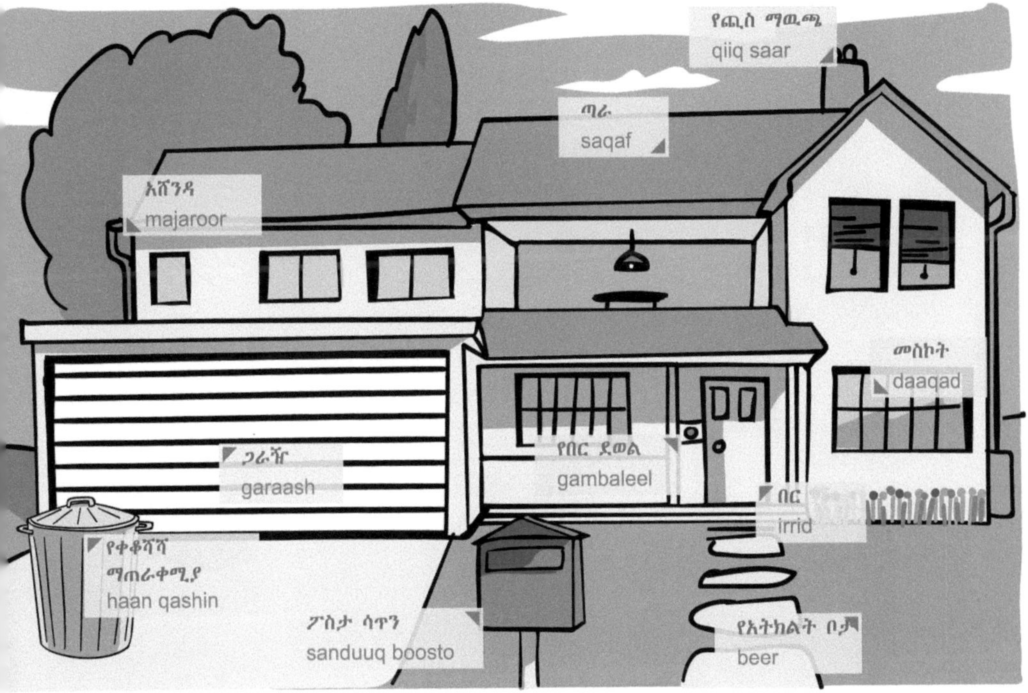

ሳሎን

qol jiib

መታጠቢያ ቤት

musqul-qubeys

ማድቤት

jiko

መኝታ ቤት

qolka jiifka

የልጅ ክፍል

qolka ilmaha

መመገቢያ ክፍል

qolka cuntada

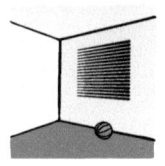

ወለል
sagxad

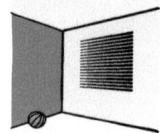

ግድግዳ
derbi

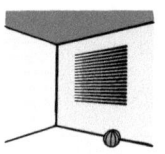

ጣሪያ
saqaf

ምድር ቤት
makhaasiin

በእንፋሎት ሙቀት መታጠቢያ ቤት
soona

ሰገነት
balakoon

ከፍ ያለ መደብ
daarad

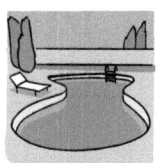

የመዋኛ ገንዳ
barkad

የማጨጃ መኪና
caws-jare

አንሶላ
buste

የአልጋ ልብስ
go'

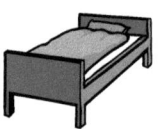

አልጋ
sariir

መጥረጊያ
xaaqin

ባልዲ
baaldi

ማብሪያና ማጥፊያ
daare-damiye

ሳሎን

qol jiib

የግድግዳ ወረቀት
sharaaxd-derbi
ቶ
sawir
መብራት
feynuus
መ ር ሪያ
qaanad
ቁም ሳጥን፤ ካቢኔ
armaajo
telefiishan
የእሳት መሞቂያ
dab-shid
አበባ
ubax
ትራስ
barkin
ሶፋ
fadhi-carbeed
የአበባ ማስቀመጫ
dheri-ubax
ሪሞት ኮንትሮል
rimuud

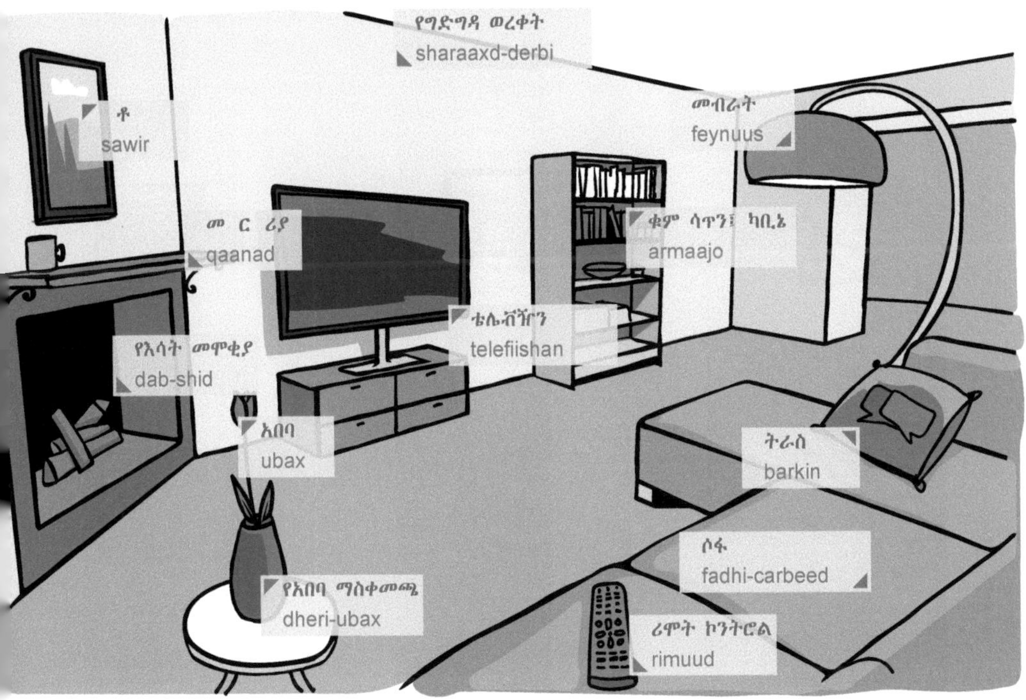

ንጣፍ

roog

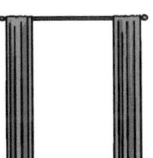

መ ረጃ

daah

ጠረጴዛ

miis

ወንበር

kursi

ተወዛዋዥ ወንበር

kursi wareega

ባለመ ገፊያ ወንበር

kursi fadhi

መጽሐፍ

buug

ብርድ ልብስ

buste

ጌጥ

qurxin

ማገዶ

xaabo

ፊልም

filin

የሙዚቃ መማጫወቻ

cod-baahiye

ቁልፍ

fure

ጋዜጣ

wargeys

ስዕል

rinjiyeyn

የተለጠፈ ማስታወቂያ እንደ ስዕል

tabeelo

ራዲዮ

raadiye

ማስታወሻ ደብተር

xusuus-qor

የአየር ማፅጃ ለምንጣፍ

huufar

ቁልቋል

tiitiin

ሻማ

shumac

ማድቤት

jiko

ማቀዝቀዣ
qaboojiye
ማይክሮዌቭ ምግብ ማብሰያ
kululeeyso
የኩሽና መመዘኛ ሚዛን
miisaan-yaraha jikada
ዳቦ መጥበሻ
rooti-kululeeye
ንፁህ ማድረጊያ
oomo
ምድጃ
burjiko
ማቀዝቀዣ
qaboojiye
የቆሻሻ ማጠራቀሚያ
haan qashin
እቃ ማጠቢያ
maacuun-dhaqe

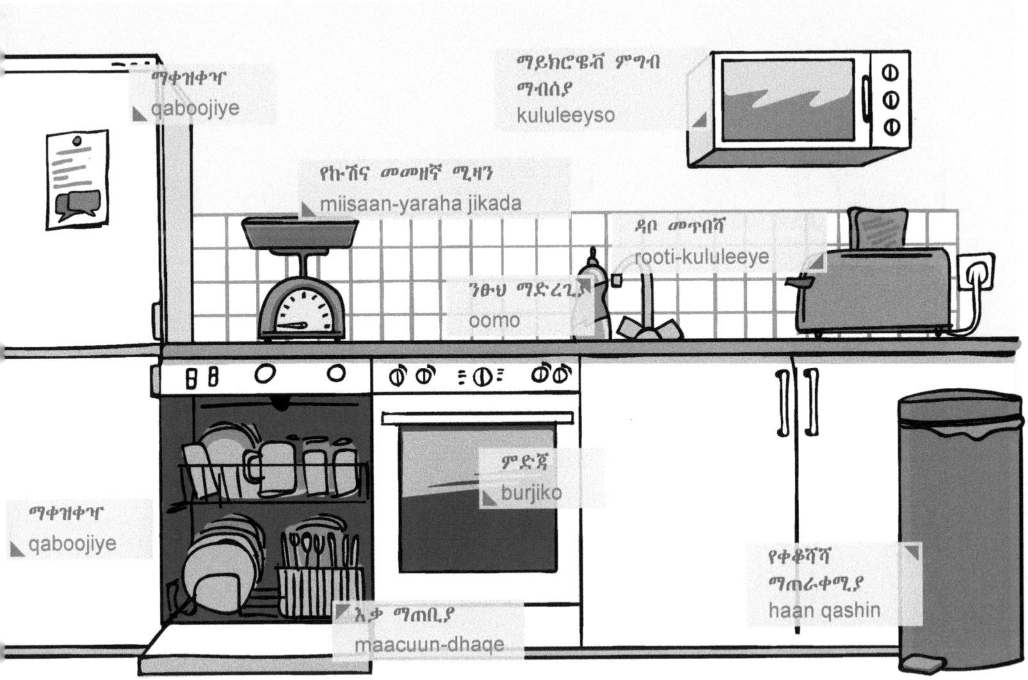

ምግብ አብሳይ

kuuker

ማሰሮ

dheri

የብረት ማሰሮ

birtaawo

ምግብ ማብሰያ ዝርግ ድስት

birtaawo

የምግብ መጥበሻ

birtaawo

ማንቆርቆሪያ

kirli

የእንፋሎት ማብሰያ

uumiye

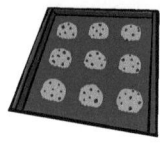

የመጋገሪያ ትሪ

saxaarad dubista

ሰብ ቦች

maacuun

ት ቅ ኩባያ

bakeeri

ድጓዳ ሳህን

baaquli

ቾፕ ቲክ

qoryo wax lagu cuno

ጭ ፋ

malqacad

መሰቅሰቂያ ዝርግ ማንኪያ

qaado

ማደባለቂያ

folow

መ ጠሪያ

miire

ንፊት

shashaq

መፈርፈሪያ መሳሪያ

qudaar-jare

ሲሚንቶ

mooye

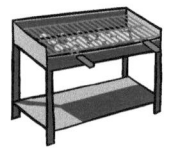

የፍም ጥብ

hilib-sol

የተለቀቀ እሳት

dab

መክተፊያ

....

alwaaxa wax-jar-jarka

ተንሸራታች መርፌ

....

ul jabaati

የጠርሙስ መክፈቻ

....

guf-saare

ጣሳ

....

gasac

የጣሳ መክፈቻ

....

gasac-fure

የማሰሮ መሸፈኛ

....

istaraasho-jiko

ሳህን ማጠቢያ

....

saxanka-alaab-dhaqa

ብሩሽ

....

caday

ስፖንጅ

....

isbuunyo

መደባለቂያ መሳሪያ

....

shiide

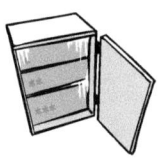

በጣም ማቀዝቀዣ

....

qaabojin qoto-dheer

ጡጦ

....

masaasad

ቧንቧ

....

tuubbo

መታጠቢያ ቤት

musqul-qubeys

ማሞቂያ
kululeeye
መታጠቢያ
qubeys
ፎጣ
shukumaan
የመታጠቢያ ቤት መጋረጃ
daaha qubeyska
የአረፋ መታጠቢያ
xumbo qubeys
የመታጠቢያ ገንዳ
tuubbo qubeys
ብርጭቆ
galaas
የልብስ ማጠቢያ
qasaalad
ቧንቧ
tuubbo
ማዕዘን ወለል
mar-mar
tuunji
ሳህን ማጠቢያ
saxanka-alaab-dhaqa

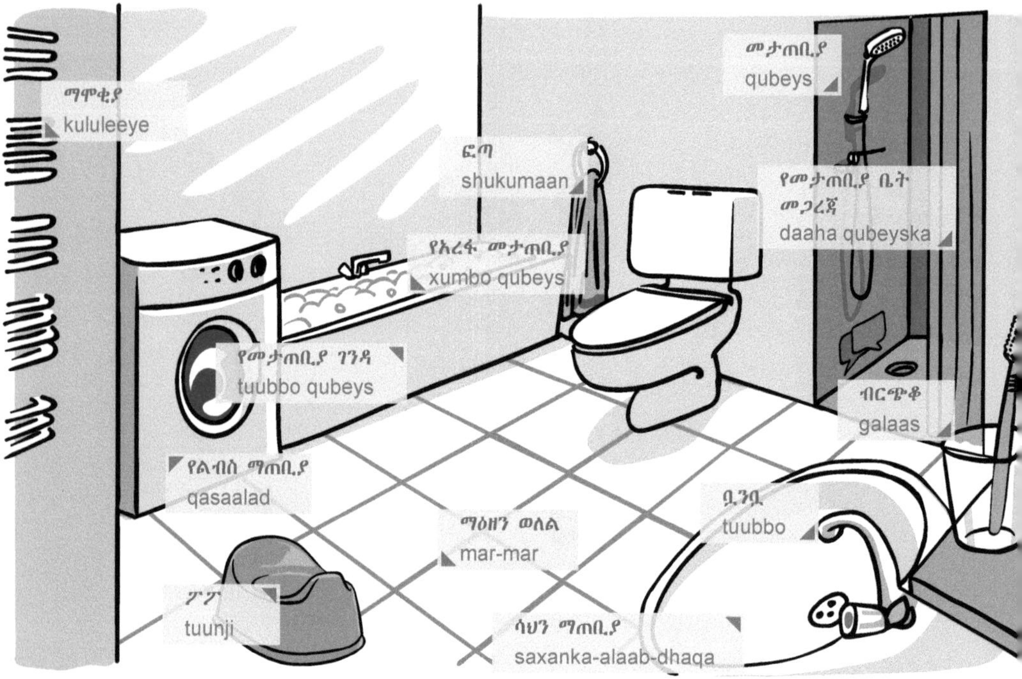

ሽንት ቤት

musqul

የሽንት ቤት መቀመጫ

musqusha fadhiga

ሳፋ

siin

የመንገድ ዳር መሽኛ

weel kaadi

የሽንት ቤት ወረቀት

tiish musqul

የሽንት ቤት ማፅጃ ብሩሽ

burushka musqusha

የጥርስ ብሩሽ

....

caday

የጥርስ ሳሙና

....

daawo caday

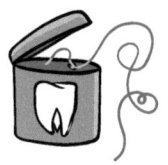

የጥርስ ማፅጃ ክር

....

dunta ilka farashada

መታጠብ

....

dhaq

የእጅ መታጠቢያ

....

gacan qubeys

መታጠቢያ

....

tuubo-musqul

ጎድጓዳ ሳህን

....

beeshin

የጀርባ ብሩሽ

....

burush-qubeys

ሳሙና

....

saabuun

የመታጠቢያ የሚዝለገለግ ሳሙና

....

shaambo

የፀጉር መታጠቢያ ሳሙና

....

shaambo

ለስላሳ ጨርቅ

....

cago-saar

ፍሳሽ

....

biyo-saare

ክሬም

....

kareem

ጠረን መቀየሪያ ንጥረ ነገር

....

carfiso

መስታወት

muraayad

የእጅ መስታወት

muraayad gacmeed

ምላጭ

sakiin

የመላጫ አረፋ

xumbada xiirashada

ከመላጨት በኋላ የሚቀባ ሽቱ

daawo gar-xiir

ማበጠሪያ

shanlo

ብሩሽ

burush

የፀጉር ማድረቂያ

fooneeye

በፀጉር ላይ የሚነፋ

timo-buufis

የፊት መቀባቢያ

waji-qurxiye

የከንፈር ቀለም

rooseeto

የጥፍር ቀለም

cidiyo-nadiifiye

የጥጥ ሱፍ

dun

ጥፍር መቁረጫ

cidiyo-jar

ሽቶ

baarafuun

ማጠቢያ ባልዲ

boorso-wajidhaq

መቀመጫ

saxaro

ሚዛን

miisaan culays

የመታጠቢያ ልብስ

dhar-qubeys

የላስቲክ ጓንት

gacma gashi cinjir

ሞዴስ

tambooni

የፅዳት ፎጣ

tiimshe

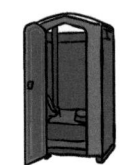

የሽንት ቤት ኬሚካል

musqul kiimiko

የልጅ ክፍል

qolka ilmaha

የማንቂያ ደዉል ሰዐት
saacadda dhawaaqda
የህፃን አሻንጉሊት
boombale caruur
የመጫወቻ መኪና
baabuur caruureed
ማንገጫገጫ መጫወቻ
sanqadh
የአሻንጉሊት ቤት
guriga caruusada
ስጦታ
hadiyad

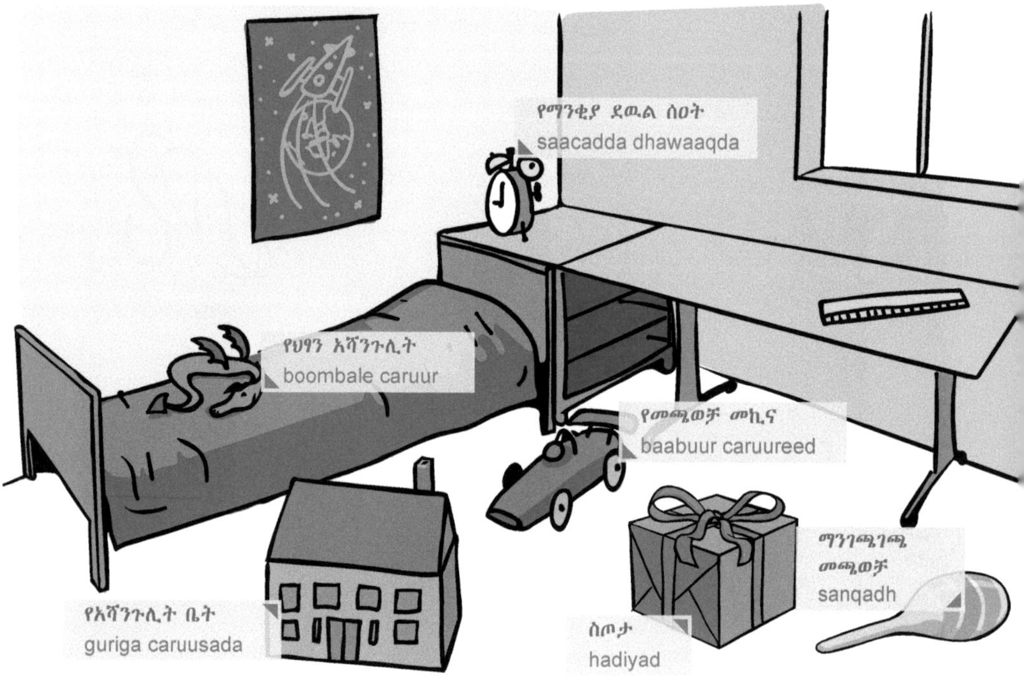

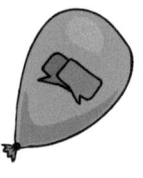

ኛ

buufin

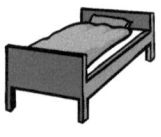

አልጋ

sariir

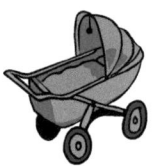

የህፃን ማንሸራሸሪያ ጋሪ

gaariga caruurta

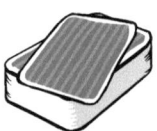

የካርታ መጫወቻ

turub

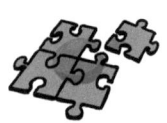

ቁርጥራጭ ምስሎችን የማገጣጠም
እና ምስል የማግኘት ጨዋታ

miinshaar

አዝናኝ

maad

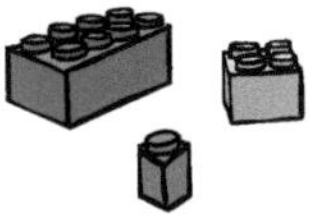

ገጣጣሚ መጫወቻ

bulkeeti boombale ah

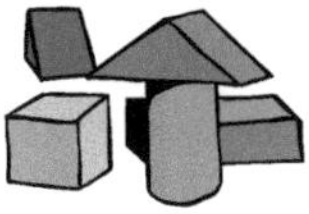

የመጫወቻ መገጣጠሚያዎች

tooy

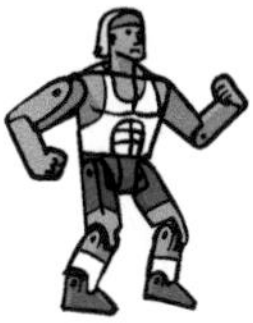

የድርጊት ምስል

sanam

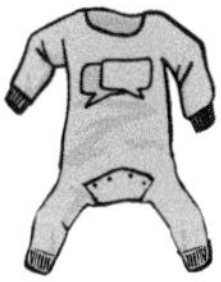

የህፃን እድገት

isku-jooga dhallaanka

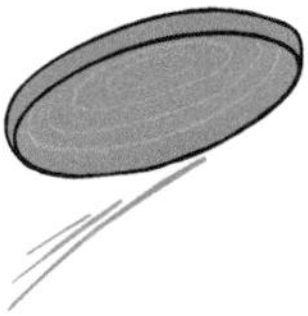

የ ላስቲክ መጫወቻ ዝርግ ሰሀን

aalad cayaar

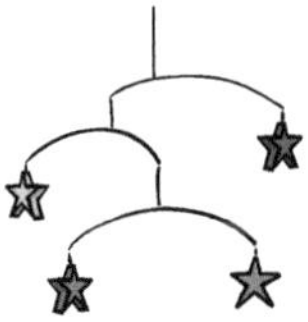

ወ ዋዥ የህፃን ማጫወቻ

moobaayl

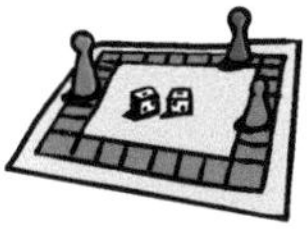

የሰሌዳ ጨዋታ

khamaar

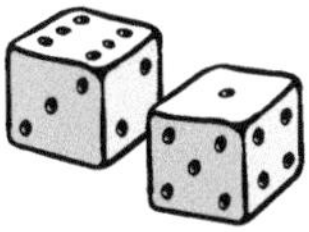

የመጫወቻ ጠጠር

laadhuu

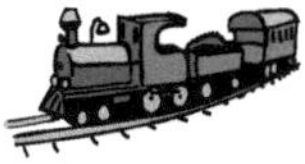

የመጫወቻ ባቡር

moodo tareen

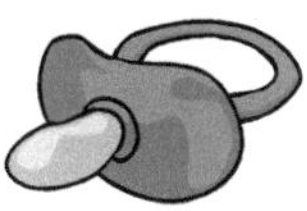

የእንጀራ እናት ጡጦ

boombale

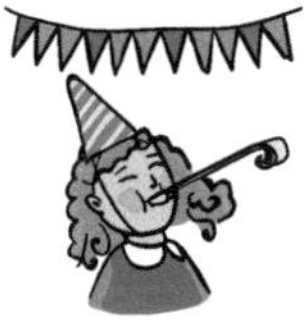

ድግስ

xaflad

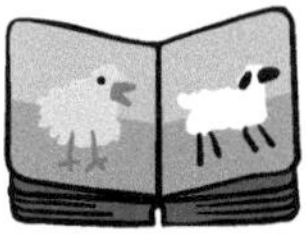

የስዕል መፅሀፍ

buug sawirro

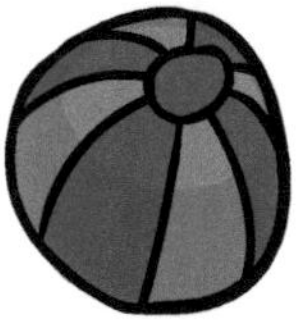

ስ

kubbad

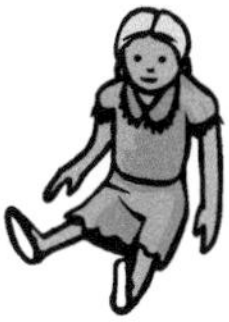

አሻንጉሊት

boombale

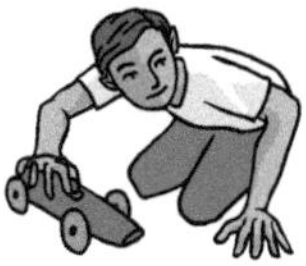

መጫወት

cayaar

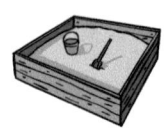

የአሸዋ መጫወቻ

dhoobo-dhoobeey

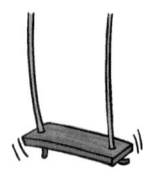

ዥዋዥዌ

wiifoow

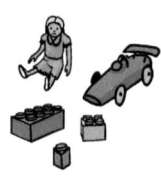

መጫወቻዎች

alaab-alaabeey

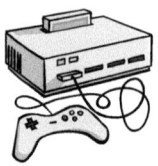

የቪዲዮ መጫወቻ

geemka gacanta laga hago

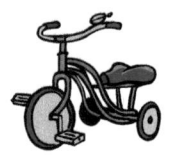

ባለ ሶስት ጎማ ብስክሌት

baaskiil

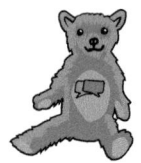

የአሻንጉሊት ድብ

boombale

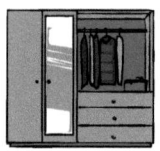

ቁምሳጥን

armaajo dhar

አልባሳት

dhar

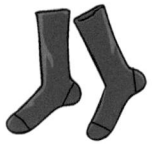

ካልሲዎች

sigisaan

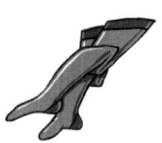

ስቶኪንጎች

sigsaan haween

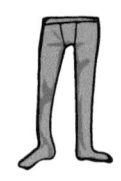

ታይት

surwaal-dhuuqsan

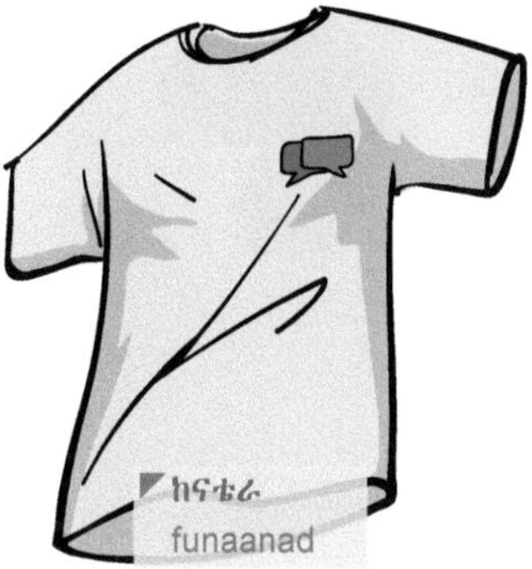

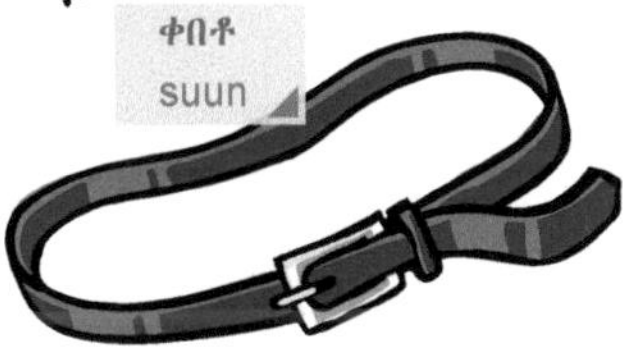

ንገት ልብስ
masar

ጃንጥላ
dallad

ቀበቶ
suun

ከናቴራ
funaanad

ስኒከሮች
kabo tababar

ቲ
kabo buud

ቤት ዉስጥ ነጠላ ጫማ
dacas

ነጠላ ጫማዎች
saandalo

ጫማዎች
kabo

ዝናብ ቡትስ
kabo roob

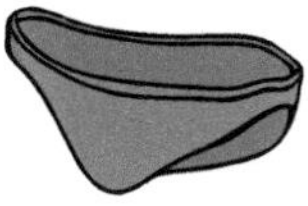

ሙታንታ
hoos-gashi

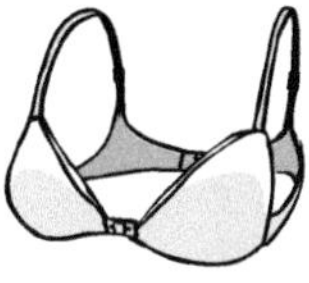

ጡት መያዣ
rajabeeto

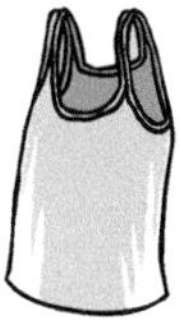

ሰደርያ
garan

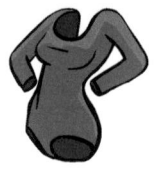

ሰዉነት

jir

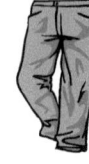

ሱሪዎች

surwaal

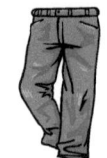

ጅንስ

surwaal jeenis

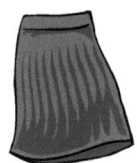

ጉርድ ቀሚስ

goono

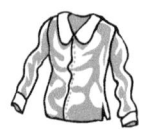

ሸሚዝ

canbuur

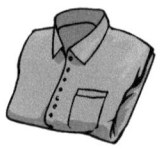

ሸሚዝ

shaati

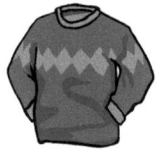

የሚጠለቅ ሹራብ

funaanad-dhaxameed

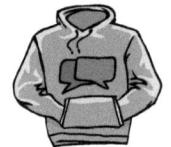

ሹራብ

garan dhaxameed

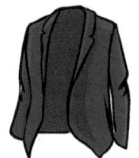

ዩኒፎርም ጃኬት

jaakad fudud

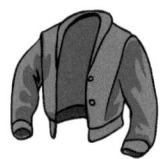

ጃኬት

jaakad

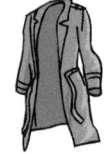

ኮት

koodh

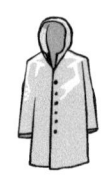

የዝናብ ኮት

koodhka roobka

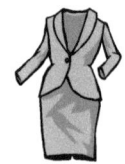

ልብስ

dhar-munaasabadeed

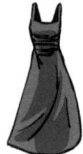

ቀሚስ

labbis

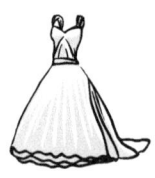

የሙሽራ ቀሚስ

lebbis aroos

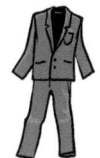

ሱፍ

suut

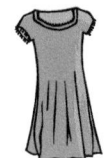

የለሊት ልብስ

dhar-hurdo

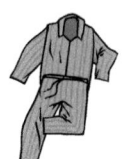

የለሊት ልብስ

bajaamo

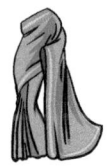

ረጅም ቀሚስ

saari

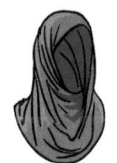

ሂጃብ

masar

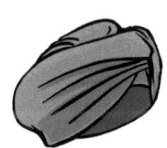

ጥምጣም

cimaamad

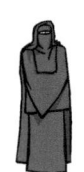

ቡርቃ

cabaayad

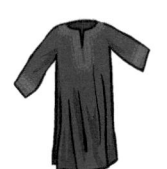

ሽርጥ

saako

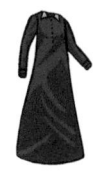

አባያ

cabaayad

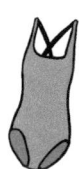

የዋና ልብስ

dharka-dabaasha

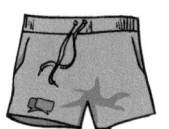

አጭር ቁምጣ

dabo-gaabyo

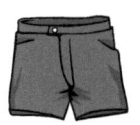

ቁምጣዎች

surwaal-dabagaab

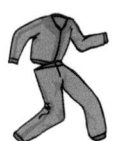

የስራ ቱታ

taraak-suut

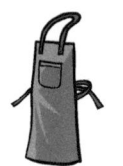

ሽርጥ

dufan-dhowr

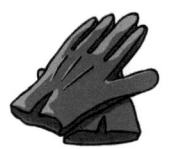

ጓንት

gacmo gashi

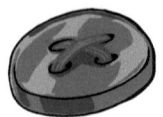

ቁልፍ

galluus

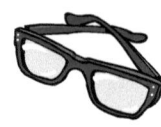

መነፅር

ookiyaale

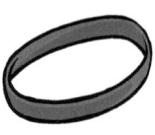

አምባር

jijin

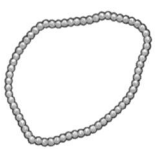

የአንገት ሀብል

silis

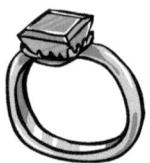

ቀለበት

faraati

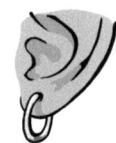

የጆሮ ጌጥ

dhego dhego

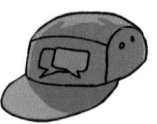

ኮፍያ

koofiyo

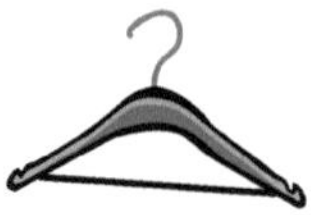

የኮት መስቀያ

katabaan

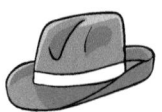

ኮፍያ

koofiyad

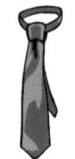

ከረቫት

garabaati

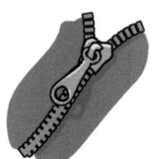

ዚፕ

jiinyeer

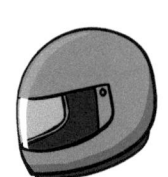

የብረት ቆብ

helmed

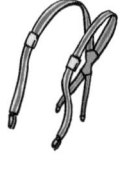

መደገፊያ

ilko-reeb

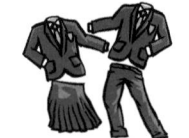

የትምህርት ቤት የደንብ ልብስ

direes dugsi

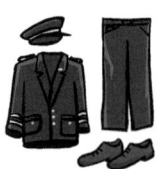

የደንብ ልብስ

direes

መሃረብ

cayo-dhowr

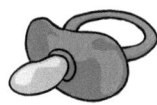

የእንጀራ እናት ጡጦ

boombale

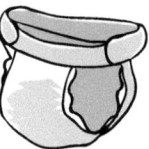

ሸንት ጨርቅ

maro-dufeed

ቢሮ
xafiis

ማሰራጫ ጣቢያ
khad-bixiye

የፋይል መደርደሪያ ካቢኔ
armaajo feylal

የህትመት መሳሪያ
daabace

መቆጣጠሪያ
shaashad

ወረቀት
warqad

ማዊዝ
hage kombuyuutar

መዓፈያ ጠረጴዛ
miis

ማህደር
gal

የመዓፈ ቁልፎች
teeb-kombuyuutar

የቆሻሻ ወረቀት መጣያ ቅርጫት
haan qashin-gur

ኮምፒዉተር
kombuyuutar

ወንበር
kursi

የቡና መጠጫ ትልቅ ኩባያ

koob kafee

ማስሊያ ማሽን

kalkuleytar/xisaabiye

ኢንተርኔት

internet

ላፕቶፕ

laabtoob

ደብዳቤ

bakhshad

መልዕክት

fariin

ተንቀሳቃሽ ስልክ

moobaayl

የግንኙነት አዉታር

shabakad-kombuyuutar

ማባዣ ማሽን

footokoobi

ሶፍትዌር

barnaamij-kombuyuutar

ስልክ

telefoon

የግድግዳ ሶኬት

god koronto

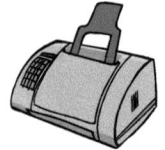

የፋክስ ማሽን

mishiinkan fax-ka

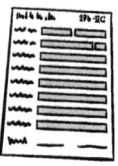

ቅፅ

foomka

ሰነድ

dokumenti

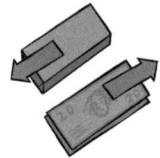

መግዛት

iibso

መክፈል

bixi

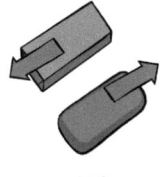

መነገድ

ganacso

ገንዘብ

lacag

USD

ዶላር

doollar

EUR

ዩሮ

yuuro

JPY

የን

yenka jabbaan

RUB

ሩብል

robolka ruushka

CHF

የስዊዝ ፍራንክ

Franka iswiiska

CNY

ሬንሚንቢ ዩዋን

lacagta shiinaha

INR

ሩጲ

rubiyada hindiga

የገንዘብ ነጥብ

maqal

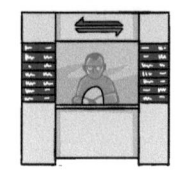

የዉጭ ገንዘብ ምንዛሪ ቢሮ

xafiiska sarrifaka lacagaha

ወርቅ

dahab

ብር

qalin

ዘይት

shidaal

ሀይል፤ ጉልበት

tamar

ዋጋ

qiime

ግንኙነት

qandaraas

ቀረጥ

canshuur

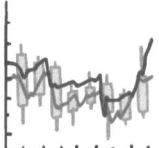

አክስዮን

raasumaal

መስራት

shaqee

ተቀጣሪ

shaqaale

ቀጣሪ

shaqaaleysiiye

ፋብሪካ

warshad

ሱቅ

dukaan

የስራ ሙያዎች

shaqooyin

የፖሊስ አዛዥ
sarkaal booliis
የእሳት አደጋ ሰራተኛ
dab-demiye
ምግብ አብሳይ
cunto-kariye
ዶክተር
dhakhtar
አብራሪ
duuliye

አትክልተኛ

beeralley

አናጢ

nijaar

ልብስ ሰፊ ሴት

timo-qurxiso

ዳኛ

qaaddi

ቀማሚ

farmashiiste

ተዋናይ

jile

የአዉቶቢስ ሹፌር

darawal bas

የታክሲ ሹፌር

taksiile

አሳ አጥማጅ

kalluumeyste

ፅዳት ሰራተኛ

nadiifiso

የጣራ ሰራተኛ

saqaf-dhise

አስተናጋጅ

kabalyeeri

አዳኝ

ugaarsade

ሰዓሊ

rinjiile

ጋጋሪ

rooti-dube

የኤሌትሪክ ሰራተኛ

koronto-yaqaan

ገምቢ

dhise

መሃንዲስ

injineer

ልኳንዳ

kawaanle

የቧንቧ ሰራተኛ

tuubbiiste

የፖስታ ሰራተኛ

boostaale

ወታደር
askari

መሃንዲስ
injineer-dhismo

የሒሳብ ሰራተኛ
qasnaji

አበባ ሻጭ
ubax-yaqaan

የፀጉር ሰራተኛ
timo-jare

ቲኬት ቆራጭ
kiro-uruuriye

መካኒክ
makaanik

ካፒቴን
kabtan

የጥርስ ሐኪም
dhakhtar-ilko

ተመራማሪ
saaynisyahan

መምህር
wadaad yahuud

የሙስሊም ሃይማኖታዊ መሪ
imaam

መነኩሴ
xerow

ካህን
wadaad

መሳሪያዎች

qalab

መዶሻ
dubbe
ተቆላፊ ጉጠት
biinsi
መፍቻ
kashawiito
የመሳሪ መፍቻ
kiyaawe
ባትሪ
toosh

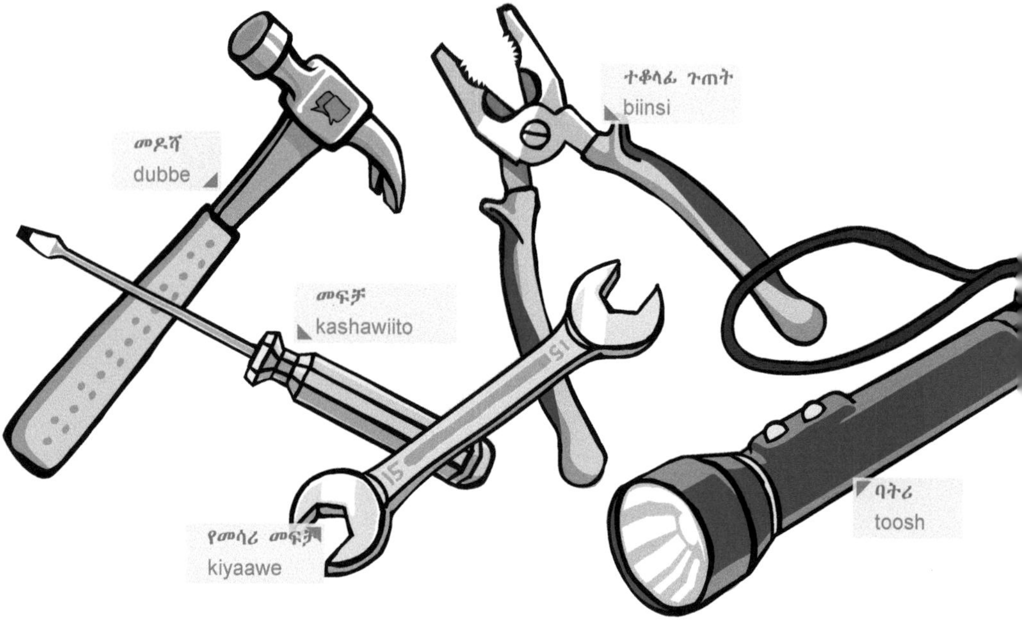

በቁፋሮ የሚዝቅ

dhul-qoddo

የመፍቻ ሳጥን

qalab-xajiye

መሰላል

jaraanjaro

መጋዝ

miinshaar

ምስማር

musbaarro

መሰርሰሪያ

dalooliye

መጠገን

dayactir

አካፋ

badiil

የተረገመ!

inkaar kugu dhacday!

ቆሻሻ ማፈሻ

bus-xaabiye

የቀለም ቆርቆሮ

gasacad rinji

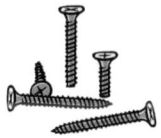

ብሎን

boolal

የሙዚቃ መሳሪያዎች

qalab muusiko

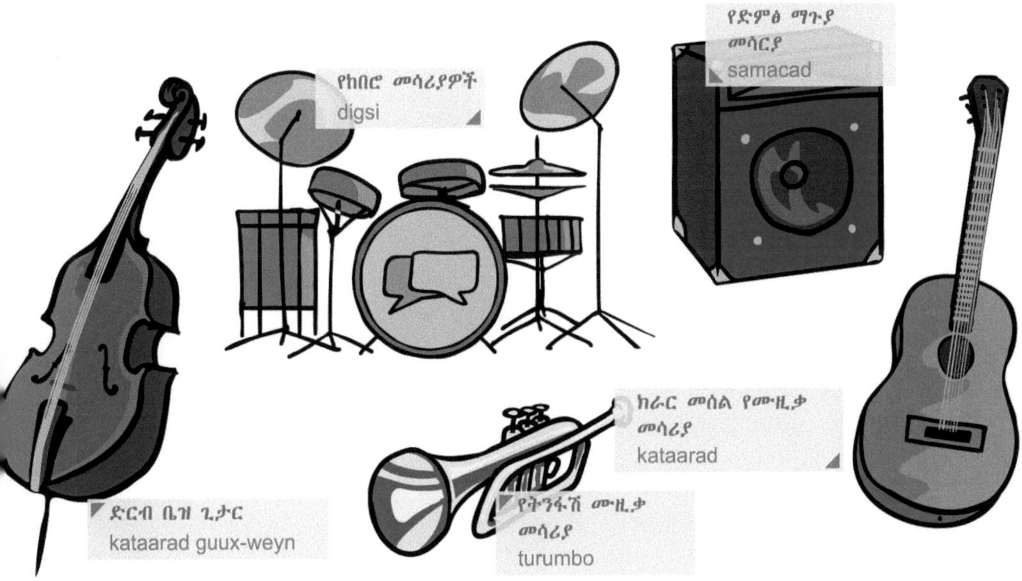

የድምፅ ማጉያ መሳርያ
samacad
የከበሮ መሳሪያዎች
digsi
ክራር መሰል የሙዚቃ መሳሪያ
kataarad
ድርብ ቤዝ ጊታር
kataarad guux-weyn
የትንፋሽ ሙዚቃ መሳሪያ
turumbo

ፒያኖ

....

biyaano

ቫዮሊን

....

fiyooliin

ወፍራም፤ ጎርናና ድምፅ ያለዉ
ክራር መሰል ሙዚቃ መሳሪያ

....

karaarad guux-dheer

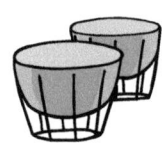

ነጋሪት

....

durbaan-sheegagle

ከበሮ

....

durbaan

በኤሌክትሪክ የሚሰራ ፒኖ

....

loox-xarfeed-biyaano

የትንፋሽ ሙዚቃ መሳሪያ

....

turumbo

ዋሽንት

....

siin-baar

የድምፅ ማጉያ

....

makarafoon

የደር እንስሳት ማቆያ

beer-xayawaan

ነብር
shabeel
መግቢያ
irrid
ሳጥን
qafis
የሜዳ አህያ
dameer-farow
የእንስሳ ምግብ
ትልቅ ድብ
baanda

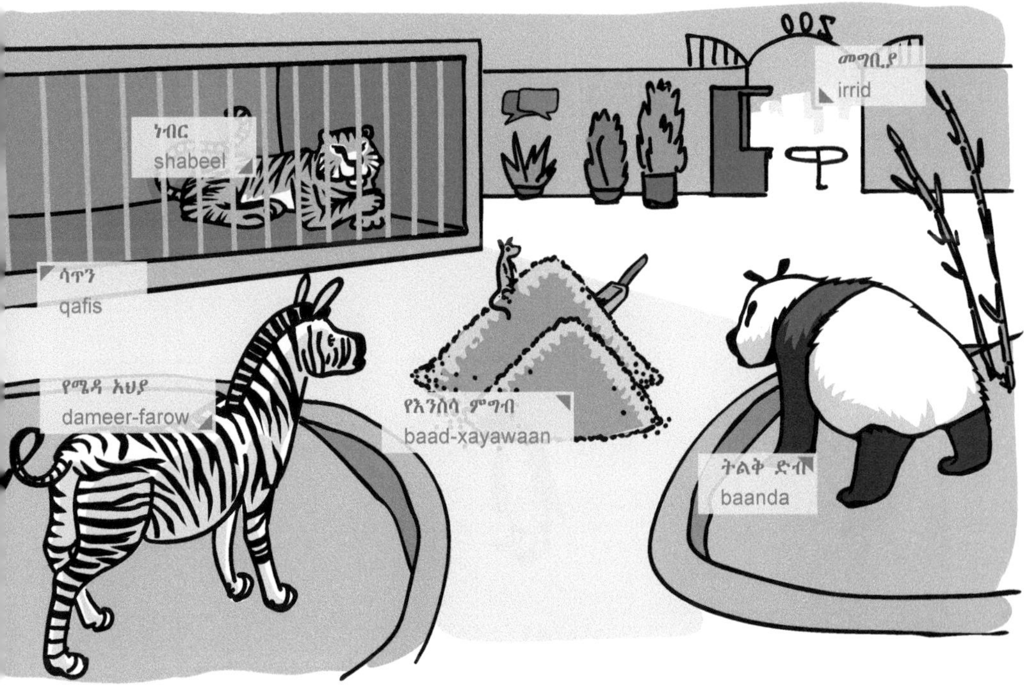

እንስሳቶች

xayawaan

ዝሆን

maroodi

ካንጋሮ

kaangaruu

አዉራሪስ

wiyil

ትልቅ ዝንጀሮ

goriille

ድብ

oorso

ግመል

geel

ሰጎን

gorayo

አንበሳ

libaax

ጦጣ

daanyeer

ቅልጥመ ረዥም ወፍ

xiita-luga-dheer

በቀቀን

baqbaqaa

የወዋልታ ድብ

oorso baraf-ku-nool

የዋልታ ወፎች

shimbir baraf

ረጅም ጥርሶች ያሉትአሳ ነባሪ

libaax-badeed

ጣዎስ

daa'uus

እባብ

mas

አዞ

yaxaas

የዱር አራዊት የሚጠበቁበት ማቆያን የሚጠብቅ

beer-xayawaan ilaaliye

አሳ በሊታ የባህር እንስሳ

bahal kalluun-cun

የዱር ድመት

shabeel-u-eke

ድንክ ፈረስ

dhal faras

ነብር

harmacad

ጉማሬ

jeer

ቀጭኔ

geri

ንስር

gorgor

ከርከሮ

doofaar-jilibeey

አሳ

kalluun

የባህር ኤሊ

qubo

የባህር አዉሬ

maroodi-badeed

ቀበሮ

dawaco

የሜዳ ፍየል፤ ሚዳቋ

deero

የስፖርት አይነቶች

isboortiga

የአሜሪካ እግርኳስ
kubadda-cagta maraykanka
የብስክሌት ስፖርት
tartanka bashkuleetiga
ቴኒስ
kubbadda miiska
የቅርጫት ኳስ
kubbadda koleyga
ዋና
dabaal
የቡጢ ስፖርት
cayaarta feerka
የበረዶ ላይ የገና ጨዋታ
hookiga barafka lagu dh

እግር ኳስ

kubadda cagta

የላበ ኳስ ጨዋታ

baadminton

አትሌቲክስ

ciyaaraha fudud

የእጅ ኳስ ስፖርት

kubadda gacanta

የበረዶ መንሸራተት ስፖርት

iskii/ciyaarta barafka

ፈረስ ግልቢያ

cayaar-faras

መዝለል — boodid

ማቀፍ — hab-siin

መሳቅ — qosol

መራመድ — soco

መዘመር — hees

ህልም ማለም — riyo

መፀለይ — duceyso

መሳም — dhunkasho

መፃፍ — qorraxeed

መሳል — masawirid

ማሳየት — muuji

መግፋት — riix

መስጠት — sii

መዉሰድ — qaado

መያዝ
haysasho

ማድረግ
samee

መሆን
ahaansho

መቆም
istaag

መሮጥ
orod

መሳብ
jiid

መወርወር
tuur

መዉደቅ
dhicid

መዋሸት
been-sheegid

መጠበቅ
sug

መሸከም
qaad

መቀመጥ
fariiso

መልበስ
labiso

መተኛት
seexo

መንቃት
toos

መመልከት

....

fiiri

ማለልቀስ

....

ooy

መጫር

....

dhuftay

ማበጠር

....

shanleyso

ማዉራት

....

hadal

መረዳት

....

faham

ጥያቄ

....

weydii

ማዳመጥ

....

dhageysasho

መጠጣት

....

cab

መብላት

....

cun

ማንፃት

....

habee

ማፍቀር

....

jacayl

ምግብ ማብሰል

....

kari

መንዳት

....

kaxee

መብረር

....

duulid

መርከብ መንዳት

shiraaco

ቁጥሮችን ማስላት

xisaabi

ማንበብ

akhri

መማር

barasho

መስራት

shaqee

ማግባት

guurso

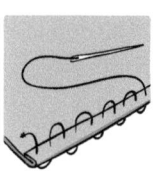

መስፋት

tol

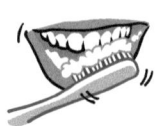

ጥርስ መቦረሽ

cadayso

መግደል

dilid

ማጨስ

sigaar cab

መላክ

dir

ቤተሰብ

qoys

የሴት አያት
ayeeyo
የወንድ አያት
awoowe
አባት
aabbe
እናት
hooyo
ህፃን
ilmo
ሴት ልጅ
gabar
ወንድ ልጅ
wiil

እንግዳ

marti

አክስት

eeddo

አጎት

adeer

ወንድም

walaal rag

እህት

walaal dumar

አካል

jir

ግንባር
fool
አይን
il
garab
ጣት
far
weji
አገጭ
gar
እጅ
gacan
ጡት
naas
እግር
lug
ክንድ
cudud

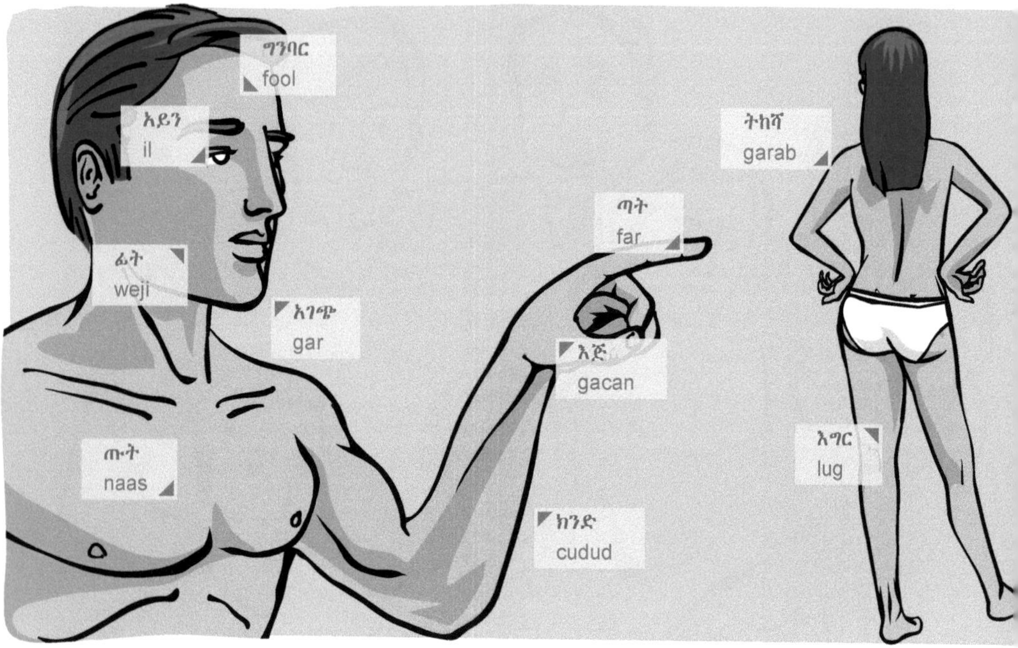

ህፃን

ilmo

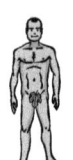

ሰዉ

nin

ሴት

naag

ልጃገረድ

gabar

ወንድ ልጅ

wiil

ራስ

madax

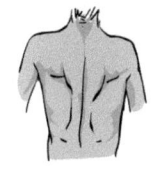

ጀርባ

dhabar

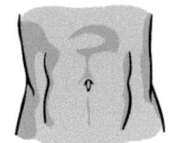

ሆድ

calool

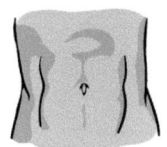

እምብርት

xuddun

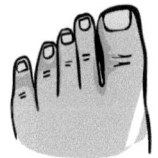

የእግር ጣት

suul

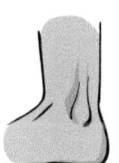

ተረከዝ

cirib

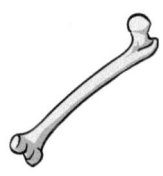

አጥንት

laf

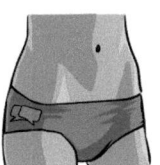

ዳሌ

sin

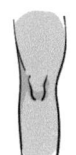

ጉልበት

jilib

ክርን

xusul

አፍንጫ

san

ቂጥ

bari

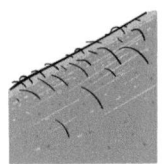

ቆዳ

maqaar

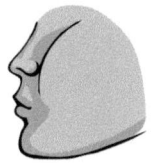

ጉንጭ

dhafoor

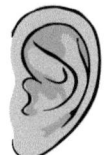

ጆሮ

dheg

ከንፈር

bishin

አፍ
......
af

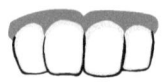

ጥርስ
......
ilig

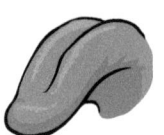

ምላስ
......
carrab

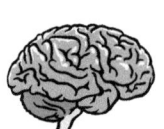

አንጎል
......
maskax

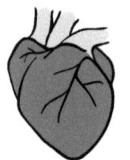

ልብ
......
wadno

ጡንቻ
......
muruq

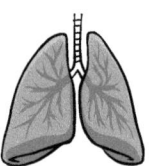

ሳምባ
......
sambab

ጉበት
......
beer

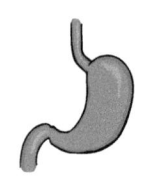

ሆድ
......
uur kujirta caloosha

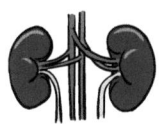

ኩላሊቶች
......
kelyo

የግብረስጋ ግንኙነት
......
galmo

ኮንዶም
......
cinjir-galmo

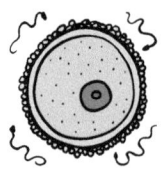

የሴት እንቁላል
......
ugxan

የዘር ፈሳሽ
......
shahwo

እርግዝና
......
uur

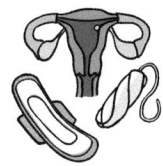

የወር አበባ

caado

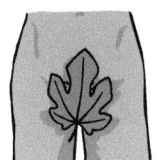

እምስ

siil

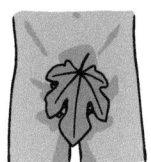

ቁላ

gus

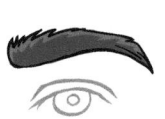

ቅንድብ

suni

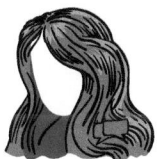

ፀጉር

timo

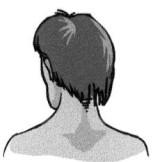

አንገት

qoor

ሆስፒታል
isbitaal

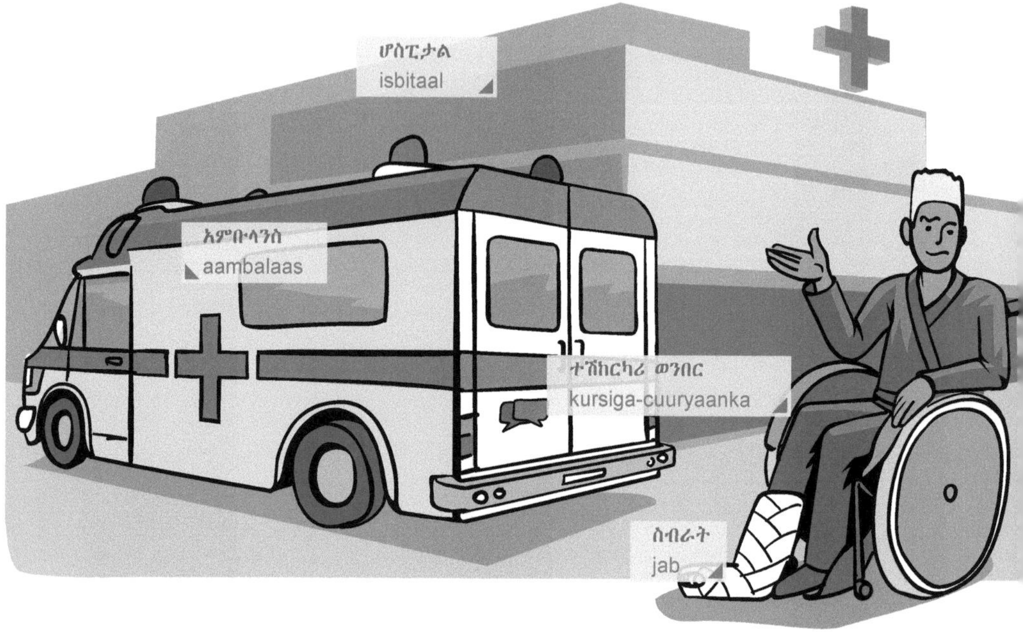

ሆስፒታል
isbitaal
አምቡላንስ
aambalaas
ተሽከርካሪ ወንበር
kursiga-cuuryaanka
ስብራት
jab

ዶክተር

dhakhtar

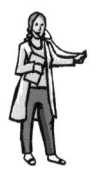

ድንገተኛ ክፍል

qolka xaaladaha-degdega ah

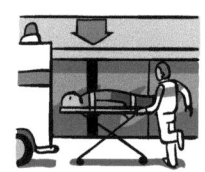

ነርስ

kalkaaliye

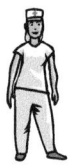

ድንገተኛ

xaalad deg-deg ah

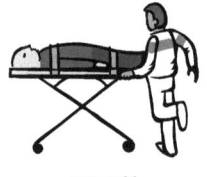

ራስን መሳት/ አለማወቅ

miyir-beelsan

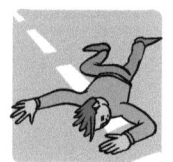

ህመም

xanuun

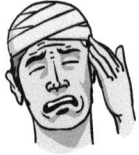

ጉዳት
dhaawac

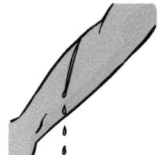

መድማት
dhiig-bax

የልብ ድካም
wadno-xanuun

ስትሮክ
qallal

አለርጂ
xasaasiyad

ሳል
qufac

ትኩሳት
qandho

ኢንፍሉዌንዛ
hargab

ተቅማጥ
shuban

የራስ ምታት
madax-xanuun

ካንሰር
kansar

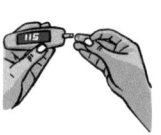

የስኳር በሽታ
cudurka sokoroow

ቀዶ ጠጋኝ ሐኪም
dhakhtarka-qalliinka

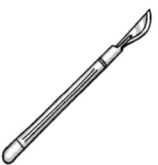

የቀዶ ጥገና ስለት
mindida qalliinka

ቀዶ ጥገና
qalliin

ሲቲ

iskaan

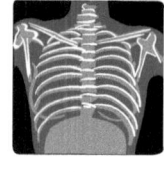

ኤክስሬዮ

raajo

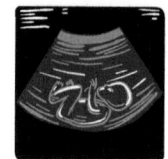

አልትራሳዉንድ

dhawaaq-xawaareed

የፊት ጭምብል

maaskaro

በሽታ

cudur sokoroow

መጠበቂያ ክፍል

qolka sugitaanka

ምርኩዝ

ul lagu boodo

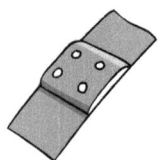

የቁስል ማሸጊያ

kab

ፋሻ

faashato

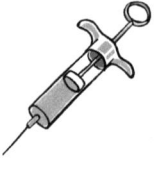

መርፌ

duris

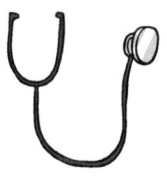

የልብ ምት ማዳመጫ መሳሪያ

wadne-dhegeyeste

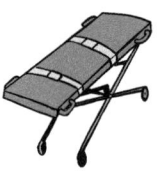

የበሽተኛ አልጋ

balankiino

የህክምና ሙቀት መለኪያ መሳሪያ

heer-kul-beega qandhada

መውለድ

dhalasho

ክልክ ያለፈ ክብደት

aad-u-cayilan

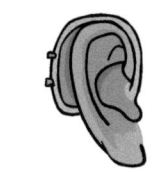

ለመስማት የሚረዳ መሳሪያ

maqal-caawiye

ፀረ ተባይ መድሀኒት

jeermis-dile

ማመ ቀዝ

caabuq

ይረስ

feyras

ኤች አይቪ ኤድስ

AYDHIS/HIV

ህክምና

daawo

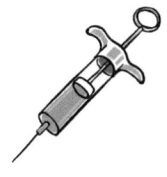

ክትባት

tallaal

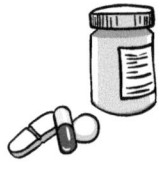

ኪኒን

kaniiniyo

ኪኒን

kaniin

አስ ኳይ የስልክ ጥሪ

wicitaan deg-deg ah

ም ግፊት መቆጣጠሪያ

cabbiraha dhiig-karka

ህመም/ ጤንነት

xanuunsan / caafimaadsan

ድንገተኛ

xaalad deg-deg ah

እርዳታ!

i caawiya!

ማንቂያ ደዉል

sawaxan

ጥቃት

weerar-kadisa ah

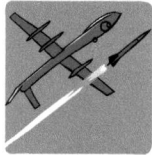

ድብደባ

weerar

አደጋ

khatar

የድንገተኛ መዉጫ

irridda bixida xaalad-deg-deg

እሳት!

dab!

እሳት ማጥፊያ

dab demiye

አደጋ

shil

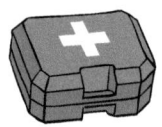

የመጀመሪያ እርዳታ መድሃኒት መያዣ

saduuqa xaalada-degdega ah

ነፍስ አድን

codsi badbaado

ፖሊስ

booliis

አዉሮፓ

Yurub

ሰሜን አሜሪካ

woqooyiga ameerika

ደቡብ አሜሪካ

koonfurta ameerika

አፍሪካ

Afrika

እስያ

Aasiya

አዉስትራሊያ

Oostareeliya

አትላንቲክ

Atlaantik

ፓስፊክ

Pacific

የህንድ ዉቅያኖስ

Bad-waynta hindiya

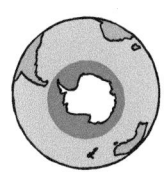

አንታርክቲክ ዉቅያኖስ

Bad-waynta antarctica

አርክቲክ ዉቅያኖስ

Bad-waynta arctic

ሰሜን ዋልታ

cirifka waqooyi

ደቡብ ዋልታ

cirifka koonfureed

አንታርክቲካ

Antarctica

ምድር

dhul

መሬት

dhul

ባህር

bad

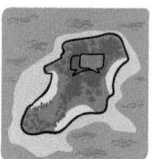

ደሴት

jasiirad

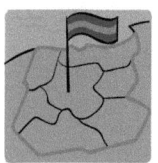

አገርና ህዝብ

waddan

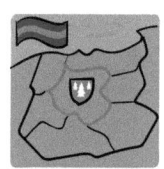

መንግስት

gobol

ሰዓት
saacad

የሰዓት ገፅታ

wajiga saacadda

ሰዓት

gacanka saacada

ደቂቃ

gacanka daqiiqada

ሴኮንድ

gacanka ilbiriqsiga

ስንት ሰዓት ነው?

waa intee saac?

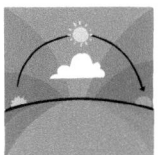

ቀን

maalin

ጊዜ

wakhti

አሁን

hadda

የቁጥር ሰዐት

saacadda jiifarrada

ደቂቃ

daqiiqad

ሰዓታት

saacad

ሳምንት

toddobaad

ሰኞ
Isniin
MO
ቡዕ
Arbaca
W
አርብ
Jimco
FR
TU
TH
SA
SO
ቅዳሜ
Sabti
ማክሰኞ
Talaado
ሐሙስ
Khamiis
እሁድ
Axad

ትላንት

shalay

ዛሬ

maanta

ነገ

berri

ማለዳ

subax

ቀትር

duhur

ምሽት

casir

የስራ ቀናት

maalmaha shaqo

የዕ ፍት ቀናት

dabayaaqada usbuuca

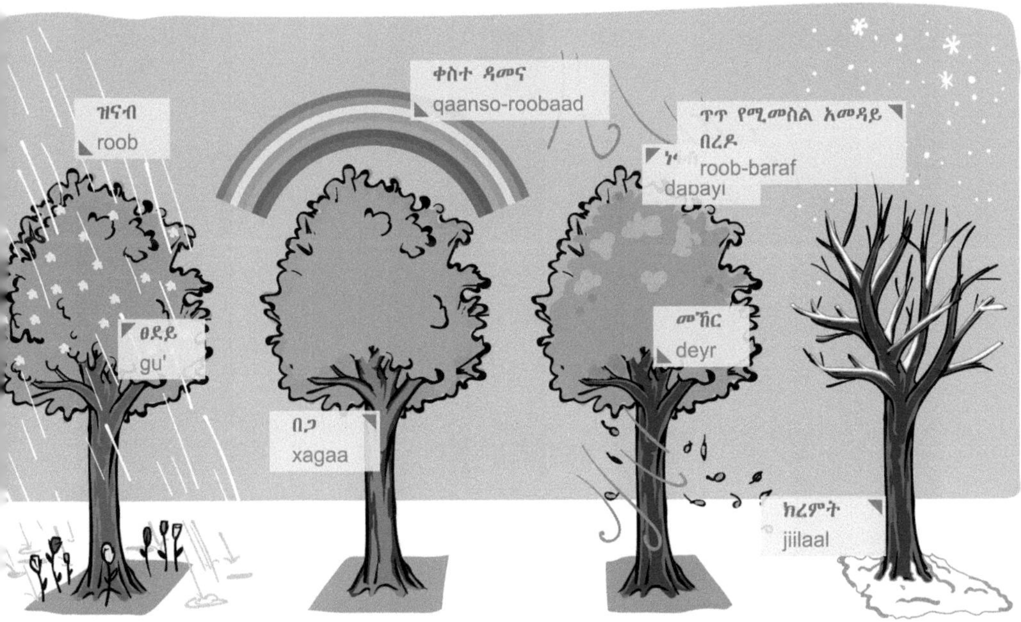

ዝናብ
roob

ቀስተ ዳመና
qaanso-roobaad

ጥጥ የሚመስል አመዳይ በረዶ
roob-baraf
dabayl

 θደይ
gu'

መኸር
deyr

በጋ
xagaa

ክረምት
jiilaal

4.APRIL	11°	☀
5.APRIL	4°	
6.APRIL	13°	☁
7.APRIL	8°	☀
8.APRIL	10°	☀

የአየር ሁኔታ ትንበያ

saadaal hawo

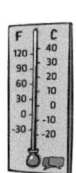

የሙቀት መለኪያ

heer-kul baare

የፀሀይ ሙቀት

qorraxeed

ደመና

daruur

ጭጋግ

ceeryaamo

እርጥበታማነት

huur

መብረቅ

....

jac

ነጎድጓድ

....

onkod

አዉሎ ንፋስ

....

duufaan

የበረዶ ዝናብ

....

roob-baraf

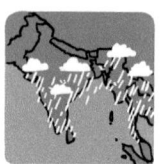

አዉሎ ንፋስ

....

maansuun

ጎርፍ

....

daad

በረዶ

....

baraf

ጥር

....

Jannaayo

የካቲት

....

Febraayo

መጋቢት

....

Maarso

ሚያዚያ

....

Abriil

ግንቦት

....

Mey

ሰኔ

....

Juun

ሐምሌ

....

Luulyo

ነሀሴ

....

Agoosto

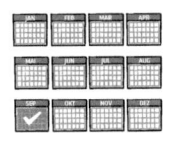

መስከረም
....
Sebteember

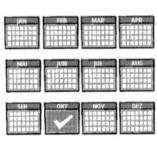

ጥቅምት
....
Oktoobar

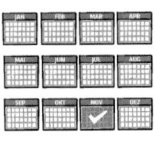

ህዳር
....
Nofeember

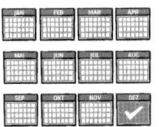

ታህሳስ
....
Diseember

ቅርፆች

qaababka

ክብ
....
goobaabo

አራት ማዕዘን
....
afar-gees

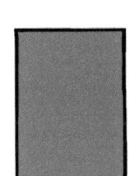

አራት ቀጥተኛ ማዕዘኖች ጎኖች ያሉት ቅርፅ
....
leydi

ሶስት ማዕዘን
....
saddex-xagal

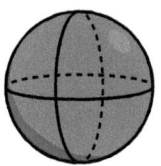

ሉል
....
wareeg

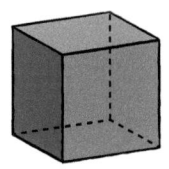

ስድስት ጎን ያለዉ ቅርፅ
....
bokis

ቀለማት

midabbo

ነጭ

caddaan

ቢጫ

hurdi

ብርቱካናማ

oranji

ሮዝ

guduud-khafiif

ቀይ

casaan

ወይን ጠጅ

carwaajis

ሰማያዊ

bluug

አረንጓዴ

cagaar

ቡኒ

boroon

ግራጫ

cawl

ጥቁር

madow

ብዙ/ ጥቂት

....

badan / yar

ንዴት/ እርጋታ

....

caro / daganaan

ቆንጆ/ አስቀያሚ

....

qurxoon / foolxun

ጅማሬ/ ፍፃሜ

....

billow / dhammaad

ትልቅ/ ትንሽ

....

yar / weyn

ደማቅ/ ደብዛዛ

....

iftiin / mugdi

ወንድም/ እህት

....

walaalkaa / walaashaa

ንፁህ/ ቆሻሻ

....

nadiif / wasakhaysan

የተሟላ/ ያልተሟላ

....

buuxa / dhantaalan

ቀን/ ምሽት

....

maalin / habeen

የሞተ/ ህያዉ

....

dhintay / nool

ሰፊ/ ጠባብ

....

ballaaran / ciriiri ah

የሚበላ/ የማይበላ
....

la cuni karo / aan la cuni karin

ክፉ/ ደግ
....

arxan-daran / naxariis-badan

ደስተኛ/ ድብርተኛ
....

faraxsan / caajisan

ወፍራም/ ቀጭን
....

buuran / caateysan

መጀመርያ/ መጨረሻ
....

ugu horeeya / ugu dambeeya

ጓደኛ/ ጠላት
....

saaxiib / cadaw

ሙሉ/ ጎዶሎ
....

maran / buuxa.

ጠንካራ/ ለስላሳ
....

adag / jilicsan

ከባድ/ ቀላል
....

culus / fudud

ረሃብ/ ጥማት
....

gaajo / oon

ህመም/ ጤንነት
....

xanuunsan / caafimaadsan

ህገወጥ/ ህጋዊ
....

sharci-darro / sharci

ጎበዝ/ ደደብ
....

caaqil / dabbaal

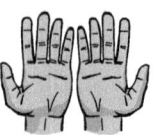

ግራ/ ቀኝ
....

bidix / midig

ቅርብ/ ሩቅ
....

dhow / fog

86   ተቃራኒዎች - iska-soo-hoorjeeda

አዲስ/ አሮጌ

....

cusub / duug

ምንም/ የሆነ ነገር

....

waxba / wax

ሽማግሌ/ ወጣት

....

da' / dhalinyar

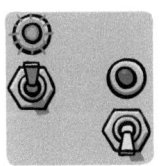

የበራ/ የጠፋ

....

daaris / damin

ክፍት/ ዝግ

....

furan / xiran

ፀጥታ/ ጫጫታ

....

aamusnaan / cod-dheer

ሃብታም/ ደሃ

....

taajir / sabool

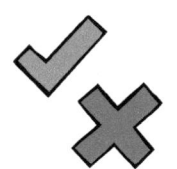

ትክክለኛ/ የተሳሳተ

....

sax / khalad

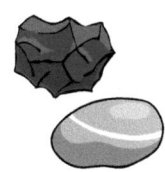

ሻካራ/ ለስላሳ

....

jilif leh / sabiibax

ሐዘን/ ደስታ

....

murugsan / faraxsan

አጭር/ ረዥም

....

gaaban / dheer

ዝግተኛ/ ፈጣን

....

tartiib / dhaqsi

እርጥብ/ ደረቅ

....

qoyaan / qalleyl

ሞቃት/ ቀዝቃዛ

....

qandac / qabow

ጦርነት/ ሰላም

....

dagaal / nabad

ቁጥሮች
lambarro

0	1	2
ዜሮ	አንድ	ሁለት
eber	kow	laba
3	4	5
ሶስት	አራት	አምስት
saddex	afar	shan
6	7	8
ስድስት	ሰባት	ስምንት
lix	toddoba	sideed
9	10	11
ዘጠኝ	አስር	አስራ አንድ
sagaal	toban	kow iyo toban

12

አስራ ሁለት

laba iyo toban

13

አስራ ሶስት

sadex iyo toban

14

አስራ አራት

afar iyo toban

15

አስራ አምስት

shan iyo toban

16

አስራ ስድስት

lix iyo toban

17

አስራ ሰባት

todoba iyo toban

18

አስራ ሰስምንት

sideed iyo toban

19

አስራ ዘጠኝ

sagaal iyo toban

20

ሃያ

labaatan

100

መቶ

boqol

1.000

ሽህ

kun

1.000.000

ሚሊዮን

malyuun

ቋንቋዎች
luuqado

እንግሊዝኛ

Af ingiriis

የአሜሪካ እንግሊዝኛ

Ingiriiska Mareykanka

የቻይና ማንዳሪን

Mandariinka Shiinaha

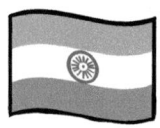

ሂንዱ

Hindi

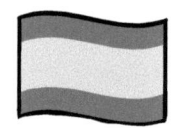

ስፓኒሽ

Boortaqiis

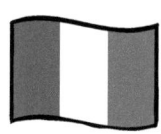

ፍሬንች

Faransiis

አረብኛ

Carabi

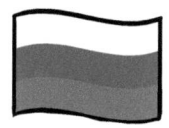

ራሺያኛ

Ruush

ፖርቱጊዝ

Boortaqiis

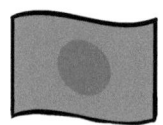

ቤንጋሊ

Bengaali

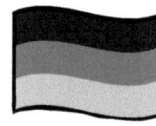

ጀርመን

Jarmal

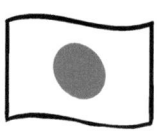

ጃፓንኛ

Jabaaniis

ማን/ ምን/ እንዴት
kee / maxay / sidee

እኔ

aniga

አንተ

adiga

እሱ/ እርሷ/ እቃዉ

asaga / ayada

እኛ

annaga

አንተ

idinka

እነርሱ

ayaga

ማን?

kee?

ምን?

maxay?

እንዴት?

sidee?

የት?

xagee?

መቼ?

goorma?

ስም

magac

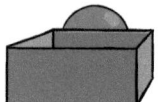

የት

xaggee

በስተጀርባ

gadaal

ዉስጥ

gudaha

ከፊት ለፊት

horta

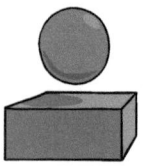

ከላይ

ka sare

ላይ

dusha

ከስር

ka hooseeya

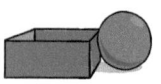

አጠገብ

dhinac

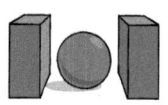

መሃከል

u dhexeeya

ቦታ

meel